AF359439

LA ROUTINE VAINCUE !

ou

CALCULS SIMPLIFIÉS

DES GRAMMES

à l'usage

DES MÉNAGÈRES

1859

DIJON, IMP. LOIREAU, J.-E. RABUTOT, SUCCESSEUR.

AVERTISSEMENT

ET

INSTRUCTIONS NÉCESSAIRES.

Nous croyons être utile aux personnes qui tiennent à surveiller l'économie de leur maison et venir en aide, surtout, aux petits ménages ainsi qu'aux cuisinières qui veulent rendre un compte exact des dépenses dont elles sont chargées chaque jour, en donnant ces calculs simplifiés des grammes qui divisent le 1/2 kilogramme, relativement au prix de la chose achetée.

On a imprimé depuis longtemps une infinité de barêmes ou comptes faits de toutes sortes, formant des volumes qui n'ont pas moins de 4 ou 500 pages d'impression; ce sont des tables de multiplication très complètes sans doute, mais beaucoup trop compliquées pour servir utilement dans la pratique journalière, attendu qu'il faut plus de temps pour chercher dans la multitude de chiffres qu'elles présentent, celui dont on a besoin, qu'on n'en mettrait soi-même à faire le calcul qu'on voudrait précisément éviter : ici, au contraire, au moyen de la nouvelle forme que nous avons adoptée et qui diffère entièrement de celle qui s'est produite jusqu'à présent dans les barêmes connus, il nous a été permis de restreindre notre nomenclature à **49 tableaux**, indiquant de 5 centimes en 5 centimes le prix de chaque chose. Aussi il suffira à la personne la moins intelligente et la plus étrangère au calcul, de jeter un coup d'œil sur celui de ces tableaux qui concerne son prix d'achat, pour trouver immédiatement combien il faut de grammes pour produire telle ou telle somme (aux centimes près).

Nous n'avons pas voulu mentionner les centimes qui pouvaient survenir à chaque compte, afin de simplifier les choses et ne pas tomber, nous aussi, dans l'inconvénient des *gros livres* que nous venons de signaler plus haut, le nôtre devant être, avant tout, très court, très simple, vendu à bon marché, ESSENTIELLEMENT PRATIQUE, en un mot, et mis par cela même à la portée de toutes les intelligences et de toutes les bourses. D'ailleurs, dans les transactions ordinaires, à moins qu'elles ne soient de très minime importance, l'usage des centimes est peu adopté entre les parties (1) : les fractions du sol, dans beaucoup de loca-

(1) On peut en excepter la boulangerie, qui est obligée de parfaire le poids de ses pains, et de rendre ou de recevoir des centimes, afin de se conformer à la taxe municipale.

lités , appartiennent assez généralement aux marchands, ce qui n'est encore là qu'un abus, pour le dire en passant, se fondant uniquement sur l'insouciance habituelle des consommateurs qui ne veulent pas se donner la peine de les calculer ; mais pour ceux qui trouveront avec raison qu'il est plus juste et plus régulier de ne pas faire cette concession, ils pourront subsidiairement et du même coup d'œil, sans qu'ils aient besoin de se livrer à aucun calcul, se rendre compte exactement de ces mêmes centimes au moyen du produit d'une division que nous avons ajoutée au bas de chaque tableau indiquant le nombre de grammes nécessaires pour former 1, 2, 3 et 4 centimes, ainsi qu'il sera expliqué par un exemple à la fin de cet avertissement.

Nous serions heureux si, par ce petit travail, nous pouvions concourir pour notre part à déraciner cette habitude si persistante qu'on a conservée généralement de demander toujours aux marchands des *livres*, des *quarts*, des *onces*, quand ceux-ci ne peuvent répondre à leurs clients, et pour satisfaire à la loi, que par des kilogrammes et des grammes, ce qui fait qu'acheteurs et vendeurs ne parlent plus la même langue.... Il résulte nécessairement de cet état de choses beaucoup de confusion et passablement d'arbitraire, il faut le dire, dans les transactions qui se font chaque jour avec le petit commerce ; il y a une foule de cas où on est obligé de s'en rapporter entièrement à la probité du marchand, ne pouvant pas soi-même se rendre compte ni du poids exact de la chose achetée, ni de la somme au juste qu'on doit payer pour la rémunération de ce même poids.

Cette difficulté se produit particulièrement pour les marchandises qui se livrent à la pièce, c'est-à-dire celles dont on ne peut pas, au gré de l'acheteur, diminuer ou augmenter le poids réel, bien qu'il ne soit pas précisément celui qu'il aurait demandé, ainsi que cela arrive très souvent dans la boucherie, par exemple, pour un gigot, une épaule, un certain nombre de côtelettes, ou tous autres morceaux qu'on ne peut pas ou qu'on ne veut pas diviser. Nous en dirons autant de la charcuterie pour un jambon, un saucisson, ainsi que pour des tranches de comestibles du même genre qui sont coupées au hasard et approximativement selon la quantité demandée par l'acheteur. L'épicerie n'a-t-elle pas aussi son savon, un pain de sucre, un cierge et bien d'autres choses encore qui ne peuvent pas se vendre à des poids fixes et déterminés à l'avance?

Qu'arrive-t-il alors?

On met ces marchandises sur le plateau de la balance, qu'on fait équilibrer au moyen de plusieurs poids et contre-poids (opération qui se fait généralement trop vite pour que l'acheteur puisse suffisamment s'en rendre compte); ensuite on lui dit habituellement : *Vous en avez pour une somme de...*, sans s'expliquer, la plupart du temps, sur le nombre de kilogrammes ou de grammes qui ont dû produire la somme demandée,

tant le marchand est persuadé à l'avance que les acheteurs ou acheteuses n'y comprendront rien...; si ces
derniers insistent néanmoins pour le savoir, on leur
répondra, par exemple, que le poids est de 1 kilog.
847 grammes (je suppose).

Effectivement le marchand avait raison, il n'y a pas
une personne sur quarante qui soit à même de faire
exactement ce calcul de grammes, et encore celles qui
pourraient l'établir ou qui voudraient s'en donner la
peine n'auraient pas, bien souvent, le temps nécessaire
pour l'effectuer sur place, surtout si leurs emplettes
se font dans un magasin bien achalandé : aussi elles
préféreront toutes, ou à peu près, s'abstenir et laisser
faire...

C'est ainsi que les choses se passent, cependant, depuis soixante ans !

Il est loin de notre pensée de vouloir incriminer ici
la probité de messieurs les marchands : nous sommes
persuadé qu'ils ne profitent en aucune manière, généralement, d'une position dont ils pourraient si facilement abuser vis-à-vis des acheteurs ; mais il suffit,
néanmoins, de rencontrer de regrettables exceptions
pour faire naître naturellement une certaine méfiance
qui peut rejaillir sur tous : aussi nous ne doutons pas
qu'intéressés personnellement à faire disparaître ces
suspicions injustes, les débitants n'approuvent haute-
ment les efforts que nous faisons ici pour éclairer les
acheteurs, et qu'ils ne s'y associent même avec em-
pressement en les aidant de leur côté, et autant qu'ils

le pourront, à bien comprendre leurs petits comptes journaliers et à les vérifier facilement.

A la fin de ces tableaux nous avons fait reproduire de grandeur naturelle les poids tant en cuivre qu'en fonte dont on se sert habituellement dans le commerce de détail, afin que les acheteurs s'exercent à les bien reconnaître par leur forme et par leur grosseur, chose très nécessaire s'ils veulent se rendre un compte exact du poids réel de la chose achetée. Pour peu qu'ils aient fait cette étude, il sera plus naturel alors qu'ils demandent aux marchands des quantités décimales, dont les poids leur seront connus et placés sous leurs yeux, que des *quarts* et des *onces*, qui n'existent dans leur esprit que par l'effet d'une routine traditionnelle et véritablement *incarnée*, on peut le dire (1), mais qui au fond, et si on le voulait bien comprendre, ne serait en réalité qu'une différence de *mots*, car du moment où il est acquis que 500 grammes représentent la livre ancienne, on peut partager ces 500 grammes en deux et par moitié, comme on le faisait des onces et des quarts dans l'ancien système, auquel on paraît être si obstinément attaché, et on arrivera, à des centigrammes près, au même résultat.

Effectivement, est-il plus difficile de demander :

(1) On a peine à comprendre comment trois ou quatre générations, élevées dans les écoles primaires et autres, peuvent tenir avec tant de persistance à une chose qu'on ne leur a point apprise.

Nombre de grammes se rapprochant le plus de l'ancien système :	500 gr. ou 1/2 kilog. au lieu d'une livre? 250 gr. au lieu d'une 1/2 livre? 125 gr. au lieu d'un quart? 62 gr. au lieu d'un 1/2 quart ou 2 onces? 31 gr. au lieu d'une once? 15 gr. au lieu d'une 1/2 once?

On remarquera que les petites différences ou fractions qui résultent du partage des *500 grammes* ne portent seulement que sur les 1/2 quarts, les onces et les 1/2 onces, mais en suivant notre système, ces différences sont parfaitement insignifiantes en elles-mêmes, et on n'a pas à s'en préoccuper : puisqu'en définitive ce sont des *grammes* que vous demandez aux marchands, ce sont également des *grammes* qu'ils doivent vous faire payer, ET PAS AUTRE CHOSE... Il est donc très essentiel, nous le répétons, que vos demandes soient faites en grammes, et pas autrement, car si vous demandez un 1/2 quart (qui est le 1/2 quart de 500 grammes), le partage exact donnera 62^g 50^c

Il donnera pour l'once. 31   25

Il donnera pour la 1/2 once. . . 15   62^c 5^m

Non-seulement les débitants ne vous tiendront pas compte des centigrammes, ce qu'ils ne peuvent pas faire, mais généralement il est admis, et nous ne savons trop pourquoi, que le 1/2 quart demandé n'est compté que pour . . . 60 gr. Différence en moins : 2^{g}50^c

l'once pour . . 30   *id.* 1 25

et la 1/2 once pour 15   *id.* . . . . . . » 62^{c}5^m

On nous dira bien que ces quantités sont de minime

importance relativement au prix de la chose achetée, que d'ailleurs il y a des marchands très-consciencieux qui compensent ces petites différences en faisant leurs pesées un peu plus ou un peu moins fortes selon le cas : nous voulons le croire, mais tout cela est arbitraire et peu régulier. Nous savons aussi de sources certaines que quelques débitants n'ont donné que 120 grammes pour le *quart,* qui est cependant de 125 tout juste ; il y a eu des réclamations faites à ce sujet et même des jugements rendus qui attesteraient suffisamment, au besoin, le fait que nous avançons : c'était là, au reste, un moyen aussi simple qu'*ingénieux* de supprimer toutes les fractions d'un seul coup !

En résumé, nous dirons à nos lectrices et à toutes les ménagères qui veulent s'éclairer sur leurs intérêts :

Apprenez à bien connaître les poids, puisque nous vous en donnons les moyens, surtout vérifiez attentivement ceux qu'on met dans la balance, TOUT EST LA...

Insistez fortement auprès des marchands pour qu'ils vous disent de combien de kilogrammes ou de grammes se composent vos achats, au lieu de vous annoncer seulement la somme à payer, ainsi que cela se pratique dans un bon nombre de magasins.

Retenez bien ce nombre, et si vous n'avez pas le temps de vérifier sur place, deux secondes vous suffiront chez vous, au moyen de notre livre, pour vous rendre compte exactement du prix relativement au poids réclamé.

Formulez en général vos demandes d'achat par la

quantité de kilogrammes ou de grammes qui vous conviendra le mieux, sans égard aux anciens poids, que vous ferez bien d'oublier s'il est possible.

Demandez de préférence, afin d'éviter les centimes à rendre ou à recevoir, des quantités de grammes formant, autant que vous le pourrez, des comptes ronds en sols, tels qu'ils sont indiqués sur nos tableaux, et ensuite ces mêmes tableaux vous diront immédiatement ce que vous avez à payer aux marchands.

MANIÈRE D'OPÉRER.

1° On commencera par faire séparément le compte des kilog. et du 1/2 kilog. lorsqu'il y en a un, et on les ajoutera ensemble.

C'est ce que tout le monde fait ordinairement, et sans la moindre difficulté.

2° On formera toujours un 1/2 kilog. lorsque le compte de grammes qu'on aura depassera 500; or, il ne restera plus à trouver sur le tableau que le nombre de grammes qui ne sont pas en assez grand nombre pour former le 1/2 kilog.

3° On cherchera ensuite sur le tableau indiqué par le prix d'achat, non pas le nombre EXACT de ces grammes qu'on ne peut y rencontrer que par hasard, mais seulement le NOMBRE QUI S'EN RAPPROCHE DAVANTAGE, SOIT EN PLUS, SOIT EN MOINS : si c'est en PLUS, c'est autant de grammes que l'acheteur redoit au marchand en sus du poids indiqué au tableau ; si c'est en **MOINS**, au contraire, c'est le marchand qui les redoit à l'acheteur (1).

Que fera-t-on de ces grammes revenant à l'un ou à l'autre ?

On en formera très facilement des centimes au moyen de la note ajoutée au bas de chaque tableau, laquelle indique combien il faut de grammes pour faire 1, 2, 3 et 4 cent.

EXEMPLE.

On a acheté 1 kil. 847 gram. de viande à 1 fr. 40 c. le kilog., ou 70 cent. (14 sols) le 1/2 kilog.

Combien doit-on payer au marchand ?

D'abord, le kilog. avec le 1/2 kilog. que je viens de former font ensemble . . . . 2 f. 10 c.

Ayant ôté 500 grammes de 847 pour former le 1/2 kilog., il ne m'en reste plus alors que 347 que je vais chercher sur le tableau n° 14 (14 sols); je trouve à la 3° ligne de la 2ᵉ colonne, 358 (nombre se rapprochant le plus de mes 347), 50 cent., ci.   »   50 c.

Donc, je dois payer au marchand, aux centimes près. . . . . 2 f. 60 c.

(1) Trouver sur le tableau le nombre qui se rapproche le plus de celui qu'on doit payer ne peut être une difficulté pour personne, puisque le choix ne peut porter, en réalité, que sur deux chiffres placés l'un sous l'autre ; et à l'énoncé seul du nombre *pesé* dont on cherche le rapprochement, on voit de suite s'il appartient aux dizaines ou bien à la 1ʳᵉ, 2ᵉ, 3ᵉ ou 4ᵉ centaine.

Maintenant, si je veux me rendre compte des centimes, je vois très bien que mon nombre 347 est au-dessous de 358, et que conséquemment je dois compter combien il y a de grammes pour y atteindre : j'en trouve 11.

Qu'est-ce que représentent 11 grammes ?

La note placée à la fin du tableau me dit qu'il en faut 7 pour faire 1 centime (1).

Donc le marchand me redoit 1 centime, car il est entendu que les 4 grammes restants sont ici sans valeur, comme ils le seront toujours dans tous les tableaux lorsque leur nombre sera insuffisant pour former 1 centime.

REMARQUE UTILE.

L'hectogramme (ou 100 grammes), poids souvent employé dans le menu détail du commerce, représente toujours un nombre de centimes égal à celui des sols du prix d'achat du 1/2 kilog.; ainsi quand ce dernier vaut 15, 35 ou 48 sols, l'hectogramme vaudra toujours 15, 35 ou 48 centimes, par la raison toute simple que l'hectogramme est le cinquième du 1/2 kilog. comme le centime est le cinquième du sol.

Nous avons, à dessein, fait cadrer le numéro de

(1) Nous n'avons pas, à dessein, mentionné les centigrammes qui surviennent dans ces calculs, leur emploi ne changeant rien au résultat que l'on cherche.

chaque tableau avec le nombre de sols représentant le prix d'achat du 1/2 kilog., afin que la recherche soit plus facile; on fera très bien, néanmoins, de faire une petite marque ou de mettre un petit ruban à ceux de ces tableaux qui indiquent les prix courants des marchandises dont on a le plus souvent besoin, afin d'éviter toute hésitation ou perte de temps.

Pour nous, qui blâmons la routine, on aura peut-être lieu de s'étonner que nous énoncions encore *des sols;* mais il était utile qu'il en fût ainsi pour l'intelligence de notre livre, et aussi pour ne pas blesser trop brusquement les habitudes des personnes auxquelles il s'adresse. D'ailleurs, cette petite infraction aux décimales n'a rien de sérieux et ne nuit en aucune manière à la régularité des calculs; en un mot, nous avons fait cette concession afin d'en obtenir une plus importante, pensant bien que trop demander à la fois c'était s'exposer à ne rien avoir du tout.

Nous regrettons de donner à cet avertissement plus de développement que nous n'avions l'intention de le faire. Mais il était utile, cependant, de montrer le mal où il est, de signaler les inconvénients et les abus que nous voulions combattre; ensuite, de proposer, pour y remédier, un moyen facile et certain dont l'application tient à une nouvelle méthode : voilà ce qui a donné lieu, nécessairement, à quelques explications un peu longues. Nous nous en excusons auprès de nos lectrices, en les priant de ne pas s'en effrayer et croire surtout, en voyant ce long préambule, qu'il y a un travail à faire ou une difficulté à vaincre pour se servir de notre petit livre... Qu'elles veuillent bien se persuader, au contraire, qu'il n'y a rien au monde de plus simple et de plus facile ; une seule expérience suffira pour les convaincre et les renseigner à tout jamais, pour peu qu'elles consentent à s'y prêter un isntant.

CALCULS

DIVISANT LE DEMI-KILOGRAMME

relativement au prix de la chose achetée.

2ᵉ TABLEAU

(20 c. le kil.)

Marchandises à » 10 c. (2 sols)

le 1/2 kil. (500 gram.)

Au prix indiqué ci-dessus il faut :

gram.		cent.	sols.	gram.		cent.	sols.
250	pour faire	5	1	500	pour faire	10	2

Au prix indiqué sur ce tableau il faut :

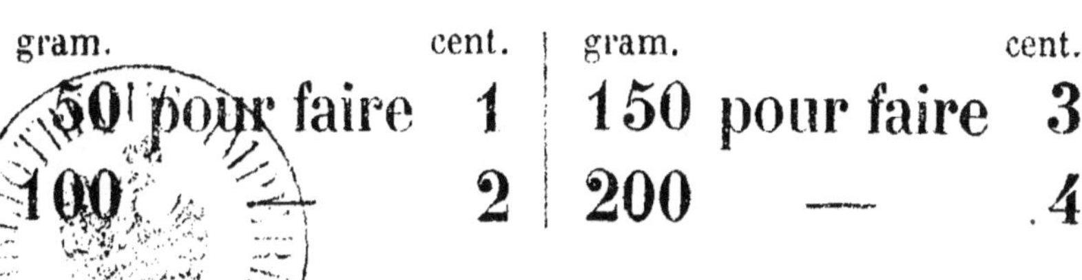

gram.		cent.	gram.		cent.
50	pour faire	1	150	pour faire	3
100		2	200	—	4

3ᵉ TABLEAU

(30 c. le kil.)

Marchandises à » 15 c. (3 sols)

le 1/2 kil. (500 gram.)

Au prix indiqué ci-dessus il faut :

gram.		cent.	sols.	gram.		cent.	sols.
166	pour faire	5	1	500	pour faire	15	3
333	—	10	2				

Au prix indiqué sur ce tableau il faut :

gram.		cent.	gram.		cent.
33	pour faire	1	99	pour faire	3
66	—	2	132	—	4

4ᵉ TABLEAU

(**40** c. le **kil.**)

Marchandises à » **20** c. (4 sols)

le 1/2 kil. (500 gram.)

Au prix indiqué ci-dessus il faut :

gram.		cent.	sols.	gram.		cent.	sols.
125	pour faire	**5**	1	**375**	pour faire	**15**	3
250	—	**10**	2	**500**	—	**20**	4

Au prix indiqué sur ce tableau il faut :

gram.		cent.	gram.		cent.
25	pour faire	**1**	**75**	pour faire	**3**
50	—	**2**	**100**	—	**4**

5ᵉ TABLEAU

(**50** c. le kil.)

Marchandises à » **25** c. (5 sols)

le 1/2 kil. (500 gram.)

Au prix indiqué ci-dessus il faut :

gram.		cent.	sols.	gram.		cent.	sols.
100	pour faire	**5**	1	**400**	pour faire	**20**	4
200	—	**10**	2	**500**	—	**25**	5
300	—	**15**	3				

Au prix indiqué sur ce tableau il faut :

gram.		cent.	gram.		cent.
20	pour faire	**1**	**60**	pour faire	**3**
40	—	**2**	**80**	—	**4**

6e TABLEAU

(60 c. le kil.)

Marchandises à » 30 c. (6 sols)

le 1/2 kil. (500 gram.)

Au prix indiqué ci-dessus il faut :

gram.		cent.	sols.	gram.		cent.	sols.
83	pour faire	5	1	333	pour faire	20	4
166	—	10	2	416	—	25	5
250	—	15	3	500	—	30	6

Au prix indiqué sur ce tableau il faut :

gram.		cent.	gram.		cent.
16	pour faire	1	49	pour faire	3
33	—	2	66	—	4

7ᵉ TABLEAU

(70 c. le kil.)

Marchandises à » 35 c. (7 sols)

le 1/2 kil. (500 gram.)

Au prix indiqué ci-dessus il faut :

gram.		cent.	sols.	gram.		cent.	sols.
71	pour faire	5	1	357	pour faire	25	5
143	—	10	2	429	—	30	6
214	—	15	3	500	—	35	7
286	—	20	4				

Au prix indiqué sur ce tableau il faut :

gram.		cent.	gram.		cent.
14	pour faire	1	42	pour faire	3
28	—	2	56	—	4

8ᵉ TABLEAU

(**80 c. le kil.**)

Marchandises à » 40 c. (8 sols)

le 1/2 kil. (500 gram.)

Au prix indiqué ci-dessus il faut :

gram.		cent.	sols.	gram.		cent.	sols.
62	pour faire	**5**	1	**312**	pour faire	**25**	5
125	—	**10**	2	**375**	—	**30**	6
187	—	**15**	3	**437**	—	**35**	7
250	—	**20**	4	**500**	—	**40**	8

Au prix indiqué sur ce tableau il faut :

gram.		cent.	gram.		cent.
12	pour faire	**1**	**37**	pour faire	**3**
24	—	**2**	**49**	—	**4**

9ᵉ TABLEAU

(90 c. le kil.)

Marchandises à » 45 c. (9 sols)

le 1/2 kil. (500 gram.)

Au prix indiqué ci-dessus il faut :

gram.		cent.	sols.	gram.		cent.	sols.
55	pour faire	5	1	332	pour faire	30	6
110	—	10	2	388	—	35	7
166	—	15	3	444	—	40	8
221	—	20	4	500	—	45	9
276	—	25	5				

Au prix indiqué sur ce tableau il faut :

gram.		cent.	gram.		cent.
11	pour faire	1	33	pour faire	3
22	—	2	44	—	4

10ᵉ TABLEAU

(1 fr. le kil.)

Marchandises à » 50 c. (10 sols)

le 1/2 kil. (500 gram.)

Au prix indiqué ci-dessus il faut :

gram.		cent.	sols.	gram.		cent.	sols.
50	pour faire	5	1	300	pour faire	30	6
100	—	10	2	350	—	35	7
150	—	15	3	400	—	40	8
200	—	20	4	450	—	45	9
250	—	25	5	500	—	50	10

Au prix indiqué sur ce tableau il faut :

gram.		cent.	gram.		cent.
10	pour faire	1	30	pour faire	3
20	—	2	40	—	4

11ᵉ TABLEAU

(1 fr. 10 le kil.)

Marchandises à » 55 c. (11 sols)

le 1/2 kil. (500 gram.)

Au prix indiqué ci-dessus il faut :

gram.		cent.	sols.	gram.		cent.	sols.
45	pour faire	5	1	318	pour faire	35	7
91	—	10	2	364	—	40	8
136	—	15	3	409	—	45	9
182	—	20	4	455	—	50	10
227	—	25	5	500	—	55	11
273	—	30					

Au prix indiqué sur ce tableau il faut :

gram.		cent.	gram.		cent.
9	pour faire	1	27	pour faire	3
18	—	2	36	—	4

12ᵉ TABLEAU

(1 fr. 20 le kil.)

Marchandises à » 60 c. (12 sols)

le 1/2 kil. (500 gram.)

Au prix indiqué ci-dessus il faut :

gram.		cent.	sols.	gram.		cent.	sols.
41	pour faire	5	1	292	pour faire	35	7
83	—	10	2	334	—	40	8
125	—	15	3	376	—	45	9
167	—	20	4	418	—	50	10
209	—	25	5	459	—	55	11
250	—	30	6.	500	—	60	12

Au prix indiqué sur ce tableau il faut :

gram.		cent.	gram.		cent.
8	pour faire	1	24	pour faire	3
16	—	2	32	—	4

13ᵉ TABLEAU

(1 fr. 30 le kil.)

Marchandises à » 65 c. (13 sols)

le 1/2 kil. (500 gram.)

Au prix indiqué ci-dessus il faut :

gram.		cent.	sols.	gram.		cent.	sols.
38	pour faire	5	1	308	pour faire	40	8
76	—	10	2	346	—	45	9
115	—	15	3	385	—	50	10
154	—	20	4	423	—	55	11
192	—	25	5	462	—	60	12
231	—	30	6	500	—	65	13
269	—	35	7				

Au prix indiqué sur ce tableau il faut :

gram.		cent.	gram.		cent.
7	pour faire	1	22	pour faire	3
15	—	2	30	—	4

14ᵉ TABLEAU

(1 fr. 40 le kil.)

Marchandises à » 70 c. (14 sols)

le 1/2 kil. (500 gram.)

Au prix indiqué ci-dessus il faut :

gram.		cent.	sols.	gram.		cent.	sols.
35	pour faire	5	1	286	pour faire	40	8
71	—	10	2	322	—	45	9
107	—	15	3	358	—	50	10
143	—	20	4	393	—	55	11
179	—	25	5	429	—	60	12
214	—	30	6	465	—	65	13
250	—	35	7	500	—	70	14

Au prix indiqué sur ce tableau il faut :

gram.		cent.	gram.		cent.
7	pour faire	1	21	pour faire	3
14	—	2	28	—	4

15e TABLEAU

(1 fr. 50 le kil.)

Marchandises à » 75 c. (15 sols)

le 1/2 kil. (500 gram.)

Au prix indiqué ci-dessus il faut :

gram.		cent.	sols.	gram.		cent.	sols.
33	pour faire	5	1	301	pour faire	45	9
67	—	10	2	334	—	50	10
100	—	15	3	367	—	55	11
134	—	20	4	400	—	60	12
167	—	25	5	433	—	65	13
201	—	30	6	466	—	70	14
234	—	35	7	500	—	75	15
268	—	40	8				

Au prix indiqué sur ce tableau il faut :

gram.		cent.	gram.		cent.
6	pour faire	1	19	pour faire	3
13	—	2	26	—	4

16ᵉ TABLEAU

(1 fr. 60 le kil.)

Marchandises à » 80 c. (16 sols)

le 1/2 kil. (500 gram.)

Au prix indiqué ci-dessus il faut :

gram.		cent.	sols.	gram.		cent.	sols.
31	pour faire	5	1	281	pour faire	45	9
62	—	10	2	312	—	50	10
93	—	15	3	343	—	55	11
125	—	20	4	374	—	60	12
156	—	25	5	405	—	65	13
187	—	30	6	436	—	70	14
218	—	35	7	468	—	75	15
250	—	40	8	500	—	80	16

Au prix indiqué sur ce tableau il faut :

gram.		cent.	gram.		cent.
6	pour faire	1	18	pour faire	3
12	—	2	24	—	4

17ᵉ TABLEAU

(1 fr. 70 c. le kil.)

Marchandises à » 85 c. (17 sols)

le 1/2 kil. (500 gram.)

Au prix indiqué ci-dessus il faut :

gram.		cent.	sols.	gram.		cent.	sols.
29	pour faire	5	1	294	pour faire	50	10
58	—	10	2	323	—	55	11
88	—	15	3	352	—	60	12
117	—	20	4	382	—	65	13
146	—	25	5	411	—	70	14
176	—	30	6	441	—	75	15
205	—	35	7	470	—	80	16
235	—	40	8	500	—	85	17
264	—	45	9				

Au prix indiqué sur ce tableau il faut :

gram.		cent.	gram.		cent.
5	pour faire	1	17	pour faire	3
11	—	2	23	—	4

18e TABLEAU

(1 fr. 80 le kil.)

Marchandises à » 90 c. (18 sols)

le 1/2 kil. (500 gram.)

Au prix indiqué ci-dessus il faut :

gram.		cent.	sols.	gram.		cent.	sols.
27	pour faire	5	1	277	pour faire	50	10
55	—	10	2	305	—	55	11
83	—	15	3	333	—	60	12
111	—	20	4	361	—	65	13
138	—	25	5	388	—	70	14
167	—	30	6	416	—	75	15
195	—	35	7	444	—	80	16
223	—	40	8	472	—	85	17
250	—	45	9	500	—	90	18

Au prix indiqué sur ce tableau il faut :

gram.		cent.	gram.		cent.
5	pour faire	1	16	pour faire	3
10	—	2	21	—	4

19ᵉ TABLEAU
(1 fr. 90 le kil.)

Marchandises à » 95 c. (19 sols)
le 1/2 kil. (500 gram.)

Au prix indiqué ci-dessus il faut :

gram.		cent.	sols.	gram.		cent.	sols.
26	pour faire	5	1	289	pour faire	55	11
52	—	10	2	315	—	60	12
79	—	15	3	342	—	65	13
105	—	20	4	368	—	70	14
131	—	25	5	394	—	75	15
158	—	30	6	421	—	80	16
184	—	35	7	447	—	85	17
210	—	40	8	473	—	90	18
237	—	45	9	500	—	95	19
263	—	50	10				

Au prix indiqué sur ce tableau il faut :

gram.		cent.	gram.		cent.
5	pour faire	1	15	pour faire	3
10	—	2	20	—	4

20ᵉ TABLEAU

(2 fr. le kil.)

Marchandises à 1 fr. (20 sols)

le 1/2 kil. (500 gram.)

Au prix indiqué ci-dessus il faut :

gram.		cent.	sols.	gram.		cent.	sols.
25	pour faire	5	1	275	pour faire	55	11
50	—	10	2	300	—	60	12
75	—	15	3	325	—	65	13
100	—	20	4	350	—	70	14
125	—	25	5	375	—	75	15
150	—	30	6	400	—	80	16
175	—	35	7	425	—	85	17
200	—	40	8	450	—	90	18
225	—	45	9	475	—	95	19
250	—	50	10	500	—	1ᶠ00	20

Au prix indiqué sur ce tableau il faut :

gram.		cent.	gram.		cent.
5	pour faire	1	15	pour faire	3
10	—	2	20	—	4

21ᵉ TABLEAU

(2 fr. 10 le kil.)

Marchandises à 1 fr. 5 c. (21 sols)

le 1/2 kil. (500 gram.)

Au prix indiqué ci-dessus il faut :

gram.		cent.	sols.	gram.		cent.	sols.
23	pour faire	5	1	286	pour faire	60	12
47	—	10	2	310	—	65	13
71	—	15	3	334	—	70	14
95	—	20	4	357	—	75	15
119	—	25	5	381	—	80	16
143	—	30	6	405	—	85	17
166	—	35	7	429	—	90	18
190	—	40	8	453	—	95	19
214	—	45	9	477	—	1ᶠ 00	20
238	—	50	10	500	—	1 05	21
262	—	55	11				

Au prix indiqué sur ce tableau il faut :

gram.		cent.	gram.		cent.
4	pour faire	1	13	pour faire	3
9	—	2	18	—	4

22e TABLEAU

(2 fr. 20 le kil.)

Marchandises à 1 fr. 10 c. (22 sols)

le 1/2 kil. (500 gram.)

Au prix indiqué ci-dessus il faut :

gram.		cent.	sols.	gram.		cent.	sols.
22	pour faire	5	1	273	pour faire	60	12
45	—	10	2	296	—	65	13
68	—	15	3	319	—	70	14
91	—	20	4	341	—	75	15
114	—	25	5	364	—	80	16
137	—	30	6	387	—	85	17
160	—	35	7	410	—	90	18
183	—	40	8	432	—	95	19
205	—	45	9	455	—	1f 00	20
228	—	50	10	477	—	1 05	21
250	—	55	11	500	—	1 10	22

Au prix indiqué sur ce tableau il faut :

gram.		cent.	gram.		cent.
4	pour faire	1	13	pour faire	3
8	—	2	17	—	4

23ᵉ TABLEAU

(2 fr. 30 le kil.)

Marchandises à 1 fr. 15 c. (23 sols)

le 1/2 kil. (500 gram.)

Au prix indiqué ci-dessus il faut :

gram.		cent.	sols.	gram.		cent.	sols.
21	pour faire	5	1	283	pour faire	65	13
43	—	10	2	304	—	70	14
65	—	15	3	326	—	75	15
87	—	20	4	348	—	80	16
108	—	25	5	370	—	85	17
130	—	30	6	392	—	90	18
152	—	35	7	414	—	95	19
174	—	40	8	435	—	1 00	20
196	—	45	9	457	—	1 05	21
217	—	50	10	478	—	1 10	22
239	—	55	11	500	—	1 15	23
261	—	60	12				

Au prix indiqué sur ce tableau il faut :

gram.		cent.	gram.		cent.
4	pour faire	1	12	pour faire	3
8	—	2	16	—	4

24ᵉ TABLEAU

(2 fr. 40 le kil.)

Marchandises à 1 fr. 20 c. (24 sols)

le 1/2 kil. (500 gram.)

Au prix indiqué ci-dessus il faut :

gram.		cent.	sols.	gram.		cent.	sols.
20	pour faire	5	1	271	pour faire	65	13
41	—	10	2	292	—	. 70	14
62	—	15	3	313	—	75	15
83	—	20	4	334	—	80	16
104	—	25	5	354	—	85	17
125	—	30	6	375	—	90	18
146	—	35	7	396	—	95	19
167	—	40	8	417	—	1ᶠ 00	20
188	—	45	9	438	—	1 05	21
209	—	50	10	458	—	1 10	22
229	—	55	11	479	—	1 15	23
250	—	60	12	500	—	1 20	24

Au prix indiqué sur ce tableau il faut :

gram.		cent.	gram.		cent.
4	pour faire	1	12	pour faire	3
8	—	2	16	—	4

25ᵉ TABLEAU

(**2 fr. 50 le kil.**)

Marchandises à 1 fr. 25 c. (**25 sols**)

le 1/2 kil. (**500 gram.**)

Au prix indiqué ci-dessus il faut :

gram.		cent.	sols.	gram.		cent.	sols.
20	pour faire	5	1	280	pour faire	70	14
40	—	10	2	300	—	75	15
60	—	15	3	320	—	80	16
80	—	20	4	340	—	85	17
100	—	25	5	360	—	90	18
120	—	30	6	380	—	95	19
140	—	35	7	400	—	1ᶠ 00	20
160	—	40	8	420	—	1 05	21
180	—	45	9	440	—	1 10	22
200	—	50	10	460	—	1 15	23
220	—	55	11	480	—	1 20	24
240	—	60	12	500	—	1 25	25
260	—	65	13				

Au prix indiqué sur ce tableau il faut :

gram.		cent.	gram.		cent.
4	pour faire	1	12	pour faire	3
8	—	2	16	—	4

26ᵉ TABLEAU

(2 fr. 60 le kil.)

Marchandises à 1 fr. 30 c. (26 sols)

le 1/2 kil. (500 gram.)

Au prix indiqué ci-dessus il faut :

gram.		cent.	sols.	gram.		cent.	sols.
19	pour faire	5	1	269	pour faire	70	14
38	—	10	2	288	—	75	15
57	—	15	3	307	—	80	16
77	—	20	4	327	—	85	17
96	—	25	5	346	—	90	18
115	—	30	6	365	—	95	19
134	—	35	7	384	—	1ᶠ 00	20
154	—	40	8	404	—	1 05	21
173	—	45	9	423	—	1 10	22
192	—	50	10	442	—	1 15	23
211	—	55	11	461	—	1 20	24
234	—	60	12	481	—	1 25	25
250	—	65	13	500	—	1 30	26

Au prix indiqué sur ce tableau il faut :

gram.		cent.	gram.		cent.
3	pour faire	1	11	pour faire	3
7	—	2	15	—	4

27ᵉ TABLEAU

(2 fr. 70 le kil.)

Marchandises à 1 fr. 35 c. (27 sols)

le 1/2 kil. (500 gram.)

Au prix indiqué ci-dessus il faut :

gram.		cent.	sols.	gram.		cent.	sols.
18	pour faire	5	1	277	pour faire	75	15
37	—	10	2	296	—	80	16
55	—	15	3	314	—	85	17
74	—	20	4	333	—	90	18
92	—	25	5	351	—	95	19
111	—	30	6	370	—	1ᶠ 00	20
129	—	35	7	388	—	1 05	21
148	—	40	8	407	—	1 10	22
166	—	45	9	425	—	1 15	23
185	—	50	10	444	—	1 20	24
203	—	55	11	462	—	1 25	25
222	—	60	12	481	—	1 30	26
240	—	65	13	500	—	1 35	27
259	—	70	14				

Au prix indiqué sur ce tableau il faut :

gram.		cent.	gram.		cent.
3	pour faire	1	10	pour faire	3
7	—	2	14	—	4

28ᵉ TABLEAU

(2 fr. 80 le kil.)

Marchandises à 1 fr. 40 c. (28 sols)

le 1/2 kil. (500 gram.)

Au prix indiqué ci-dessus il faut :

gram.		cent.	sols.	gram.		cent.		sols.
17	pour faire	5	1	268	pour faire	75		15
35	—	10	2	286	—	80		16
53	—	15	3	304	—	85		17
71	—	20	4	322	—	90		18
89	—	25	5	340	—	95		19
107	—	30	6	357	—	1ᶠ 00		20
125	—	35	7	375	—	1 05		21
143	—	40	8	393	—	1 10		22
161	—	45	9	411	—	1 15		23
179	—	50	10	429	—	1 20		24
197	—	55	11	447	—	1 25		25
215	—	60	12	465	—	1 30		26
232	—	65	13	483	—	1 35		27
250	—	70	14	500	—	1 40		28

Au prix indiqué sur ce tableau il faut :

gram.		cent.	gram.		cent.
3	pour faire	1	10	pour faire	3
6	—	2	13	—	4

29ᵉ TABLEAU
(2 fr. 90 le kil.)

Marchandises à 1 fr. 45 c. (29 sols)
le 1/2 kil. (500 gram.)

Au prix indiqué ci-dessus il faut :

gram.		cent.	sols.	gram.		cent.	sols.
17	pour faire	5	1	275	pour faire	80	16
34	—	10	2	292	—	85	17
51	—	15	3	310	—	90	18
68	—	20	4	327	—	95	19
86	—	25	5	344	—	1ᶠ 00	20
103	—	30	6	361	—	1 05	21
120	—	35	7	379	—	1 10	22
137	—	40	8	396	—	1 15	23
154	—	45	9	413	—	1 20	24
171	—	50	10	430	—	1 25	25
189	—	55	11	448	—	1 30	26
206	—	60	12	465	—	1 35	27
223	—	65	13	482	—	1 40	28
240	—	70	14	500	—	1 45	29
258	—	75	15				

Au prix indiqué sur ce tableau il faut :

gram.		cent.	gram.		cent.
3	pour faire	1	10	pour faire	3
6	—	2	13	—	4

30ᵉ TABLEAU
(3 fr. le kil.)

Marchandises à 1 fr. 50 c. (30 sols)
le 1/2 kil. (500 gram.)

Au prix indiqué ci-dessus il faut :

gram.		cent.	sols.	gram.		cent.	sols.
16	pour faire	5	1	267	pour faire	80	16
33	—	10	2	283	—	85	17
50	—	15	3	300	—	90	18
66	—	20	4	317	—	95	19
83	—	25	5	333	—	1f 00	20
100	—	30	6	350	—	1 05	21
116	—	35	7	367	—	1 10	22
133	—	40	8	384	—	1 15	23
150	—	45	9	400	—	1 20	24
167	—	50	10	417	—	1 25	25
184	—	55	11	434	—	1 30	26
201	—	60	12	451	—	1 35	27
217	—	65	13	467	—	1 40	28
234	—	70	14	483	—	1 45	29
250	—	75	15	500	—	1 50	30

Au prix indiqué sur ce tableau il faut :

gram.		cent.	gram.		cent.
3	pour faire	1	9	pour faire	3
6	—	2	12	—	4

31ᵉ TABLEAU

(3 fr. 10 le kil.)

Marchandises à 1 fr. 55 c. (31 sols)

le 1/2 kil. (500 gram.)

Au prix indiqué ci-dessus il faut :

gram.		cent.	sols.	gram.		cent.	sols.
16	pour faire	5	1	274	pour faire	85	17
32	—	10	2	290	—	90	18
48	—	15	3	306	—	95	19
64	—	20	4	322	—	1ᶠ 00	20
80	—	25	5	338	—	1 05	21
97	—	30	6	354	—	1 10	22
113	—	35	7	371	—	1 15	23
129	—	40	8	387	—	1 20	24
145	—	45	9	403	—	1 25	25
161	—	50	10	419	—	1 30	26
177	—	55	11	435	—	1 35	27
193	—	60	12	451	—	1 40	28
209	—	65	13	467	—	1 45	29
225	—	70	14	484	—	1 50	30
242	—	75	15	500	—	1 55	31
258	—	80	16				

Au prix indiqué sur ce tableau il faut :

gram.		cent.	gram.		cent.
3	pour faire	1	9	pour faire	3
6	—	2	12	—	4

32e TABLEAU

(3 fr. 20 le kil.)

Marchandises à 1 fr. 60 c. (32 sols)

le 1/2 kil. (500 gram.)

Au prix indiqué ci-dessus il faut :

gram.		cent.	sols.	gram.		cent.	sols.
15	pour faire	5	1	265	pour faire	85	17
31	—	10	2	281	—	90	18
47	—	15	3	297	—	95	19
62	—	20	4	312	—	1^f 00	20
78	—	25	5	328	—	1 05	21
93	—	30	6	344	—	1 10	22
109	—	35	7	360	—	1 15	23
125	—	40	8	375	—	1 20	24
140	—	45	9	390	—	1 25	25
156	—	50	10	406	—	1 30	26
172	—	55	11	422	—	1 35	27
187	—	60	12	437	—	1 40	28
203	—	65	13	453	—	1 45	29
219	—	70	14	469	—	1 50	30
235	—	75	15	485	—	1 55	31
250	—	80	16	500	—	1 60	32

Au prix indiqué sur ce tableau il faut :

gram.		cent.	gram.		cent.
3	pour faire	1	9	pour faire	3
6	—	2	12	—	4

33e TABLEAU

(3 fr. 30 le kil.)

Marchandises à 1 fr. 65 c. (33 sols)

le 1/2 kil. (500 gram.)

Au prix indiqué ci-dessus il faut :

gram.		cent.	sols.	gram.		cent.	sols.
15	pour faire	5	1	272	pour faire	90	18
30	—	10	2	287	—	95	19
45	—	15	3	302	—	1f 00	20
60	—	20	4	317	—	1 05	21
75	—	25	5	333	—	1 10	22
90	—	30	6	348	—	1 15	23
105	—	35	7	363	—	1 20	24
121	—	40	8	378	—	1 25	25
136	—	45	9	393	—	1 30	26
151	—	50	10	409	—	1 35	27
166	—	55	11	424	—	1 40	28
181	—	60	12	439	—	1 45	29
196	—	65	13	454	—	1 50	30
211	—	70	14	469	—	1 55	31
227	—	75	15	485	—	1 60	32
242	—	80	16	500	—	1 65	33
257	—	85	17				

Au prix indiqué sur ce tableau il faut :

gram.		cent.	gram.		cent.
3	pour faire	1	9	pour faire	3
6	—	2	12	—	4

34e TABLEAU

(3 fr. 40 le kil.)

Marchandises à 1 fr. 70 c. (34 sols)

le 1/2 kil. (500 gram.)

Au prix indiqué ci-dessus il faut :

gram.		cent.	sols.	gram.		cent.	sols.
14	pour faire	5	1	264	pour faire	90	18
29	—	10	2	279	—	95	19
44	—	15	3	294	—	1f 00	20
58	—	20	4	308	—	1 05	21
73	—	25	5	323	—	1 10	22
88	—	30	6	338	—	1 15	23
102	—	35	7	352	—	1 20	24
116	—	40	8	367	—	1 25	25
131	—	45	9	382	—	1 30	26
146	—	50	10	397	—	1 35	27
160	—	55	11	412	—	1 40	28
175	—	60	12	426	—	1 45	29
190	—	65	13	441	—	1 50	30
205	—	70	14	456	—	1 55	31
220	—	75	15	471	—	1 60	32
235	—	80	16	486	—	1 65	33
250	—	85	17	500	—	1 70	34

Au prix indiqué sur ce tableau il faut :

gram.		cent.	gram.		cent.
2	pour faire	1	8	pour faire	3
5	—	2	11	—	4

35ᵉ TABLEAU

(3 fr. 50 le kil.)

Marchandises à 1 fr. 75 c. (35 sols)

le 1/2 kil. (500 gram.)

Au prix indiqué ci-dessus il faut :

gram.		cent.	sols.	gram.		cent.	sols.
14	pour faire	5	1	271	pour faire	95	19
28	—	10	2	286	—	1ᶠ 00	20
42	—	15	3	300	—	1 05	21
57	—	20	4	314	—	1 10	22
71	—	25	5	328	—	1 15	23
85	—	30	6	343	—	1 20	24
100	—	35	7	357	—	1 25	25
114	—	40	8	371	—	1 30	26
128	—	45	9	386	—	1 35	27
143	—	50	10	400	—	1 40	28
157	—	55	11	414	—	1 45	29
171	—	60	12	429	—	1 50	30
186	—	65	13	443	—	1 55	31
200	—	70	14	457	—	1 60	32
214	—	75	15	472	—	1 65	33
229	—	80	16	486	—	1 70	34
243	—	85	17	500	—	1 75	35
257	—	90	18				

Au prix indiqué sur ce tableau il faut :

gram.		cent.	gram.		cent.
2	pour faire	1	8	pour faire	3
5	—	2	11	—	4

36e TABLEAU
(3 fr. 60 le kil.)

Marchandises à 1 fr. 80 c. (36 sols)
le 1/2 kil. (500 gram.)

Au prix indiqué ci-dessus il faut :

gram.		cent.	sols.	gram.		cent.	sols.
13	pour faire	5	1	264	pour faire	95	19
27	—	10	2	278	—	1ᶠ 00	20
41	—	15	3	292	—	1 05	21
55	—	20	4	306	—	1 10	22
69	—	25	5	320	—	1 15	23
83	—	30	6	334	—	1 20	24
97	—	35	7	348	—	1 25	25
111	—	40	8	362	—	1 30	26
125	—	45	9	376	—	1 35	27
139	—	50	10	390	—	1 40	28
153	—	55	11	403	—	1 45	29
167	—	60	12	417	—	1 50	30
181	—	65	13	431	—	1 55	31
195	—	70	14	445	—	1 60	32
209	—	75	15	459	—	1 65	33
222	—	80	16	473	—	1 70	34
236	—	85	17	487	—	1 75	35
250	—	90	18	500	—	1 80	36

Au prix indiqué sur ce tableau il faut :

gram.		cent.	gram.		cent.
2	pour faire	1	7	pour faire	3
5	—	2	10	—	4

37ᵉ TABLEAU
(3 fr. 70 le kil.)

Marchandises à 1 fr. 85 c. (37 sols)
le 1/2 kil. (500 gram.)

Au prix indiqué ci-dessus il faut :

gram.		cent.	sols.	gram.		fr.	c.	sols.
13	pour faire	5	1	270	pour faire	1	00	20
27	—	10	2	283	—	1	05	21
40	—	15	3	297	—	1	10	22
54	—	20	4	310	—	1	15	23
67	—	25	5	324	—	1	20	24
81	—	30	6	337	—	1	25	25
94	—	35	7	351	—	1	30	26
108	—	40	8	364	—	1	35	27
121	—	45	9	378	—	1	40	28
135	—	50	10	391	—	1	45	29
148	—	55	11	405	—	1	50	30
162	—	60	12	418	—	1	55	31
175	—	65	13	432	—	1	60	32
189	—	70	14	445	—	1	65	33
202	—	75	15	459	—	1	70	34
216	—	80	16	472	—	1	75	35
229	—	85	17	486	—	1	80	36
243	—	90	18	500	—	1	85	37
256	—	95	19					

Au prix indiqué sur ce tableau il faut :

gram.		cent.	gram.		cent.
2	pour faire	1	7	pour faire	3
5	—	2	10	—	4

38ᵉ TABLEAU
(3 fr. 80 le kil.)

Marchandises à 1 fr. 90 c. (38 sols)
le 1/2 kil. (500 gram.)

Au prix indiqué ci-dessus il faut :

gram.		cent.	sols.	gram.		fr.	c.	sols.
13	pour faire	5	1	263	pour faire	1	00	20
26	—	10	2	276	—	1	05	21
39	—	15	3	289	—	1	10	22
52	—	20	4	302	—	1	15	23
65	—	25	5	315	—	1	20	24
78	—	30	6	328	—	1	25	25
91	—	35	7	341	—	1	30	26
104	—	40	8	354	—	1	35	27
117	—	45	9	367	—	1	40	28
130	—	50	10	380	—	1	45	29
143	—	55	11	393	—	1	50	30
156	—	60	12	406	—	1	55	31
169	—	65	13	419	—	1	60	32
182	—	70	14	432	—	1	65	33
195	—	75	15	445	—	1	70	34
208	—	80	16	458	—	1	75	35
223	—	85	17	472	—	1	80	36
237	—	90	18	486	—	1	85	37
250	—	95	19	500	—	1	90	38

Au prix indiqué sur ce tableau il faut :

gram.		cent.	gram.		cent.
2	pour faire	1	7	pour faire	3
5	—	2	10	—	4

39ᵉ TABLEAU
(3 fr. 90 le kil.)

Marchandises à 1 fr. 95 c. (39 sols)
le 1/2 kil. (500 gram.)

Au prix indiqué ci-dessus il faut :

gram.		cent.	sols.	gram.		fr.	c.	sols.
12	pour faire	5	1	270	pour faire	1	05	21
25	—	10	2	282	—	1	10	22
38	—	15	3	295	—	1	15	23
51	—	20	4	308	—	1	20	24
64	—	25	5	321	—	1	25	25
77	—	30	6	334	—	1	30	26
90	—	35	7	347	—	1	35	27
102	—	40	8	360	—	1	40	28
115	—	45	9	372	—	1	45	29
128	—	50	10	385	—	1	50	30
141	—	55	11	398	—	1	55	31
154	—	60	12	411	—	1	60	32
167	—	65	13	424	—	1	65	33
180	—	70	14	437	—	1	70	34
192	—	75	15	450	—	1	75	35
205	—	80	16	462	—	1	80	36
218	—	85	17	475	—	1	85	37
231	—	90	18	487	—	1	90	38
244	—	95	19	500	—	1	95	39
257	—	1ᶠ00	20					

Au prix indiqué sur ce tableau il faut :

gram.		cent.	gram.		cent.
2	pour faire	1	7	pour faire	3
4	—	2	9	—	4

40e TABLEAU

(4 fr. le kil.)

Marchandises à 2 fr. (40 sols)

le 1/2 kil. (500 gram.)

Au prix indiqué ci-dessus il faut :

gram.		cent.	sols.	gram.		fr.	c.	sols.
12	pour faire	5	1	262	pour faire	1	05	21
24	—	10	2	275	—	1	10	22
37	—	15	3	287	—	1	15	23
49	—	20	4	299	—	1	20	24
62	—	25	5	312	—	1	25	25
74	—	30	6	324	—	1	30	26
87	—	35	7	337	—	1	35	27
99	—	40	8	349	—	1	40	28
112	—	45	9	362	—	1	45	29
124	—	50	10	374	—	1	50	30
137	—	55	11	387	—	1	55	31
149	—	60	12	399	—	1	60	32
162	—	65	13	412	—	1	65	33
174	—	70	14	424	—	1	70	34
187	—	75	15	437	—	1	75	35
199	—	80	16	449	—	1	80	36
212	—	85	17	462	—	1	85	37
224	—	90	18	475	—	1	90	38
237	—	95	19	487	—	1	95	39
250	—	1f 00	20	500	—	2	00	40

Au prix indiqué sur ce tableau il faut :

gram.		cent.	gram.		cent.
2	pour faire	1	7	pour faire	3
4	—	2	9	—	4

41ᵉ TABLEAU

(4 fr. 10 le kil.)

Marchandises à 2 fr. 05 c. (41 sols)

le 1/2 kil. (500 gram.)

Au prix indiqué ci-dessus il faut :

gram.		cent.	sols.	gram.		fr.	c.	sols.
12	pour faire	5	1	271	pour faire 1	10	22	
24	—	10	2	284	—	1	15	23
36	—	15	3	296	—	1	20	24
48	—	20	4	308	—	1	25	25
60	—	25	5	320	—	1	30	26
72	—	30	6	332	—	1	35	27
84	—	35	7	344	—	1	40	28
96	—	40	8	356	—	1	45	29
108	—	45	9	368	—	1	50	30
121	—	50	10	380	—	1	55	31
133	—	55	11	392	—	1	60	32
146	—	60	12	404	—	1	65	33
159	—	65	13	416	—	1	70	34
171	—	70	14	428	—	1	75	35
184	—	75	15	440	—	1	80	36
196	—	80	16	452	—	1	85	37
208	—	85	17	464	—	1	90	38
221	—	90	18	476	—	1	95	39
233	—	95	19	488	—	2	00	40
246	—	1ᶠ 00	20	500	—	2	05	41
259	—	1 05	21					

Au prix indiqué sur ce tableau il faut :

gram.		cent.	gram.		cent.
2	pour faire	1	7	pour faire	3
4	—	2	9	—	4

42ᵉ TABLEAU
(4 fr. 20 le kil.)

Marchandises à 2 fr. 10 c. (42 sols)
le 1/2 kil. (500 gram.)

Au prix indiqué ci-dessus il faut :

gram.		cent.	sols.	gram.		fr.	c.	sols.
11	pour faire	5	1	262	pour faire	1	10	22
23	—	10	2	274	—	1	15	23
35	—	15	3	286	—	1	20	24
47	—	20	4	298	—	1	25	25
59	—	25	5	310	—	1	30	26
71	—	30	6	322	—	1	35	27
83	—	35	7	334	—	1	40	28
95	—	40	8	346	—	1	45	29
107	—	45	9	358	—	1	50	30
119	—	50	10	370	—	1	55	31
131	—	55	11	382	—	1	60	32
143	—	60	12	394	—	1	65	33
155	—	65	13	406	—	1	70	34
167	—	70	14	418	—	1	75	35
179	—	75	15	430	—	1	80	36
191	—	80	16	442	—	1	85	37
203	—	85	17	454	—	1	90	38
215	—	90	18	466	—	1	95	39
227	—	95	19	478	—	2	00	40
239	—	1ᶠ 00	20	489	—	2	05	41
250	—	1 05	21	500	—	2	10	42

Au prix indiqué sur ce tableau il faut :

gram.		cent.	gram.		cent.
2	pour faire	1	6	pour faire	3
4	—	2	8	—	4

43ᵉ TABLEAU
(4 fr. 30 le kil.)

Marchandises à 2 fr. 15 c. (43 sols)
le 1/2 kil. (500 gram.)

Au prix indiqué ci-dessus il faut :

gram.		cent.	sols.	gram.		fr.	c.	sols.
11	pour faire	5	1	268	pour faire	1	15	23
23	—	10	2	279	—	1	20	24
34	—	15	3	291	—	1	25	25
46	—	20	4	303	—	1	30	26
57	—	25	5	315	—	1	35	27
69	—	30	6	327	—	1	40	28
80	—	35	7	339	—	1	45	29
92	—	40	8	350	—	1	50	30
104	—	45	9	362	—	1	55	31
116	—	50	10	373	—	1	60	32
127	—	55	11	385	—	1	65	33
139	—	60	12	397	—	1	70	34
150	—	65	13	409	—	1	75	35
162	—	70	14	420	—	1	80	36
174	—	75	15	432	—	1	85	37
186	—	80	16	444	—	1	90	38
198	—	85	17	455	—	1	95	39
209	—	90	18	467	—	2	00	40
221	—	95	19	478	—	2	05	41
233	—	1ᶠ	00	20	489	—	2	10	42
244	—	1	05	21	500	—	2	15	43
256	—	1	10	22					

Au prix indiqué sur ce tableau il faut :

gram.		cent.	gram.		cent.
2	pour faire	1	6	pour faire	3
4	—	2	8	—	4

44ᵉ TABLEAU

(4 fr. 40 le kil.)

Marchandises à 2 fr. 20 c. (44 sols)

le 1/2 kil. (500 gram.)

Au prix indiqué ci-dessus il faut :

gram.		cent.	sols.	gram.		fr.	c.	sols.
11	pour faire	5	1	261	pour faire	1	15	23
22	—	10	2	272	—	1	20	24
34	—	15	3	284	—	1	25	25
45	—	20	4	295	—	1	30	26
56	—	25	5	306	—	1	35	27
68	—	30	6	318	—	1	40	28
79	—	35	7	329	—	1	45	29
90	—	40	8	340	—	1	50	30
102	—	45	9	352	—	1	55	31
113	—	50	10	363	—	1	60	32
124	—	55	11	374	—	1	65	33
136	—	60	12	386	—	1	70	34
147	—	65	13	397	—	1	75	35
158	—	70	14	408	—	1	80	36
170	—	75	15	420	—	1	85	37
181	—	80	16	431	—	1	90	38
192	—	85	17	442	—	1	95	39
204	—	90	18	454	—	2	00	40
215	—	95	19	465	—	2	05	41
226	—	1ᶠ 00	20	476	—	2	10	42
238	—	1 05	21	488	—	2	15	43
250	—	1 10	22	500	—	2	20	44

Au prix indiqué sur ce tableau il faut :

gram.		cent.	gram.		cent.
2	pour faire	1	6	pour faire	3
4	—	2	8	—	4

45ᵉ TABLEAU

(4 fr. 50 le kil.)

Marchandises à 2 fr. 25 c. (45 sols)

le 1/2 kil. (500 gram.)

Au prix indiqué ci-dessus il faut :

gram.		cent.	sols.	gram.		fr.	c.	sols.
11	pour faire	5	1	265	pour faire	1	20	24
22	—	10	2	276	—	1	25	25
33	—	15	3	287	—	1	30	26
44	—	20	4	298	—	1	35	27
55	—	25	5	309	—	1	40	28
66	—	30	6	320	—	1	45	29
77	—	35	7	331	—	1	50	30
88	—	40	8	342	—	1	55	31
99	—	45	9	353	—	1	60	32
110	—	50	10	364	—	1	65	33
121	—	55	11	375	—	1	70	34
132	—	60	12	386	—	1	75	35
144	—	65	13	397	—	1	80	36
155	—	70	14	409	—	1	85	37
166	—	75	15	420	—	1	90	38
177	—	80	16	431	—	1	95	39
188	—	85	17	443	—	2	00	40
199	—	90	18	454	—	2	05	41
210	—	95	19	466	—	2	10	42
221	—	1ᶠ	00	20	478	—	2	15	43
232	—	1	05	21	489	—	2	20	44
243	—	1	10	22	500	—	2	25	45
254	—	1	15	23					

Au prix indiqué sur ce tableau il faut :

gram.		cent.	gram.		cent.
2	pour faire	1	6	pour faire	3
4	—	2	8	—	4

46ᵉ TABLEAU
(4 fr. 60 le kil.)

Marchandises à 2 fr. 30 c. (46 sols)
le 1/2 kil. (500 gram.)

Au prix indiqué ci-dessus il faut :

gram.		cent.	sols.	gram.		fr.	c.	sols.
10	pour faire	5	1	260	pour faire	1	20	24
21	—	10	2	271	—	1	25	25
32	—	15	3	282	—	1	30	26
43	—	20	4	293	—	1	35	27
54	—	25	5	304	—	1	40	28
64	—	30	6	315	—	1	45	29
75	—	35	7	326	—	1	50	30
86	—	40	8	337	—	1	55	31
97	—	45	9	348	—	1	60	32
108	—	50	10	359	—	1	65	33
118	—	55	11	370	—	1	70	34
129	—	60	12	381	—	1	75	35
140	—	65	13	392	—	1	80	36
151	—	70	14	403	—	1	85	37
162	—	75	15	414	—	1	90	38
173	—	80	16	424	—	1	95	39
184	—	85	17	435	—	2	00	40
195	—	90	18	446	—	2	05	41
206	—	95	19	457	—	2	10	42
217	—	1ᶠ 00	20	468	—	2	15	43
228	—	1 05	21	478	—	2	20	44
239	—	1 10	22	489	—	2	25	45
250	—	1 15	23	500	—	2	30	46

Au prix indiqué sur ce tableau il faut :

gram.		cent.	gram.		cent.
2	pour faire	1	6	pour faire	3
4	—	2	8	—	4

47ᵉ TABLEAU
(4 fr. 70 le kil.)

Marchandises à 2 fr. 35 c. (47 sols)
le 1/2 kil. (500 gram.)

Au prix indiqué ci-dessus il faut :

gram.		cent.	sols.	gram.		fr.	c.	sols.
10	pour faire	5	1	265	pour faire	1	25	25
21	—	10	2	276	—	1	30	26
31	—	15	3	286	—	1	35	27
42	—	20	4	297	—	1	40	28
53	—	25	5	307	—	1	45	29
63	—	30	6	318	—	1	50	30
74	—	35	7	329	—	1	55	31
85	—	40	8	339	—	1	60	32
95	—	45	9	350	—	1	65	33
106	—	50	10	361	—	1	70	34
116	—	55	11	371	—	1	75	35
127	—	60	12	382	—	1	80	36
138	—	65	13	392	—	1	85	37
148	—	70	14	403	—	1	90	38
159	—	75	15	414	—	1	95	39
170	—	80	16	425	—	2	00	40
180	—	85	17	435	—	2	05	41
191	—	90	18	446	—	2	10	42
201	—	95	19	457	—	2	15	43
212	—	1ᶠ 00	20	468	—	2	20	44
222	—	1 05	21	478	—	2	25	45
233	—	1 10	22	489	—	2	30	46
244	—	1 15	23	500	—	2	35	47
254	—	1 20	24					

Au prix indiqué sur ce tableau il faut :

gram.		cent.	gram.		cent.
2	pour faire	1	6	pour faire	3
4	—	2	8	—	4

48ᵉ TABLEAU
(4 fr. 80 le kil.)

Marchandises à 2 fr. 40 c. (48 sols)
le 1/2 kil. (500 gram.)

Au prix indiqué ci-dessus il faut :

gram.		cent.	sols.	gram.		fr.	c.	sols.
10	pour faire	5	1	260	pour faire	1	25	25
20	—	10	2	270	—	1	30	26
31	—	15	3	281	—	1	35	27
41	—	20	4	291	—	1	40	28
52	—	25	5	302	—	1	45	29
62	—	30	6	312	—	1	50	30
72	—	35	7	322	—	1	55	31
83	—	40	8	333	—	1	60	32
93	—	45	9	343	—	1	65	33
104	—	50	10	354	—	1	70	34
114	—	55	11	364	—	1	75	35
124	—	60	12	374	—	1	80	36
134	—	65	13	385	—	1	85	37
144	—	70	14	395	—	1	90	38
155	—	75	15	405	—	1	95	39
165	—	80	16	416	—	2	00	40
175	—	85	17	426	—	2	05	41
186	—	90	18	436	—	2	10	42
196	—	95	19	447	—	2	15	43
206	—	1ᶠ 00	20	457	—	2	20	44
217	—	1 05	21	467	—	2	25	45
228	—	1 10	22	478	—	2	30	46
239	—	1 15	23	489	—	2	35	47
250	—	1 20	24	500	—	2	40	48

Au prix indiqué sur ce tableau il faut :

gram.		cent.	gram.		cent.
2	pour faire	1	6	pour faire	3
4	—	2	8	—	4

49ᵉ TABLEAU
(4 fr. 90 le kil.)
Marchandises à 2 fr. 45 c. (49 sols)
le 1/2 kil. (500 gram.)

Au prix indiqué ci-dessus il faut :

gram.		cent.	sols.	gram.		fr.	c.	sols.
10	pour faire	5	1	265	pour faire	1	30	26
20	—	10	2	275	—	1	35	27
30	—	15	3	285	—	1	40	28
40	—	20	4	295	—	1	45	29
51	—	25	5	306	—	1	50	30
61	—	30	6	316	—	1	55	31
71	—	35	7	326	—	1	60	32
81	—	40	8	336	—	1	65	33
91	—	45	9	346	—	1	70	34
102	—	50	10	357	—	1	75	35
112	—	55	11	367	—	1	80	36
122	—	60	12	377	—	1	85	37
132	—	65	13	387	—	1	90	38
142	—	70	14	397	—	1	95	39
153	—	75	15	408	—	2	00	40
163	—	80	16	418	—	2	05	41
173	—	85	17	428	—	2	10	42
183	—	90	18	438	—	2	15	43
193	—	95	19	448	—	2	20	44
204	—	1ᶠ 00	20	459	—	2	25	45
214	—	1 05	21	469	—	2	30	46
224	—	1 10	22	479	—	2	35	47
234	—	1 15	23	489	—	2	40	48
244	—	1 20	24	500	—	2	45	49
255	—	1 25	25					

Au prix indiqué sur ce tableau il faut :

gram.		cent.	gram.		cent.
2	pour faire	1	6	pour faire	3
4	—	2	8	—	4

50ᵉ TABLEAU
(5 fr. le kil.)

Marchandises à 2 fr. 50 c. (50 sols)
le 1/2 kil. (500 gram.)

Au prix indiqué ci-dessus il faut :

gram.		cent.	sols	gram.		fr.	c.	sols
10	pour faire	5	1	260	pour faire	1	30	26
20	—	10	2	270	—	1	35	27
30	—	15	3	280	—	1	40	28
40	—	20	4	290	—	1	45	29
50	—	25	5	300	—	1	50	30
60	—	30	6	310	—	1	55	31
70	—	35	7	320	—	1	60	32
80	—	40	8	330	—	1	65	33
90	—	45	9	340	—	1	70	34
100	—	50	10	350	—	1	75	35
110	—	55	11	360	—	1	80	36
120	—	60	12	370	—	1	85	37
130	—	65	13	380	—	1	90	38
140	—	70	14	390	—	1	95	39
150	—	75	15	400	—	2	00	40
160	—	80	16	410	—	2	05	41
170	—	85	17	420	—	2	10	42
180	—	90	18	430	—	2	15	43
190	—	95	19	440	—	2	20	44
200	—	1ᶠ 00	20	450	—	2	25	45
210	—	1 05	21	460	—	2	30	46
220	—	1 10	22	470	—	2	35	47
230	—	1 15	23	480	—	2	40	48
240	—	1 20	24	490	—	2	45	49
250	—	1 25	25	500	—	2	50	50

Au prix indiqué sur ce tableau il faut :

gram.		cent.	gram.		cent.
2	pour faire	1	6	pour faire	3
4	—	2	8	—	4

POIDS EN CUIVRE

REPRODUITS DE GRANDEUR NATURELLE.

Double-hectogramme.

Hectogramme.

Demi-hectogramme.

Double-décagram.

Décagramme.

Demi-décagram.

Double-gramme.

Gramme.

POIDS EN FONTE

REPRODUITS DE GRANDEUR NATURELLE.

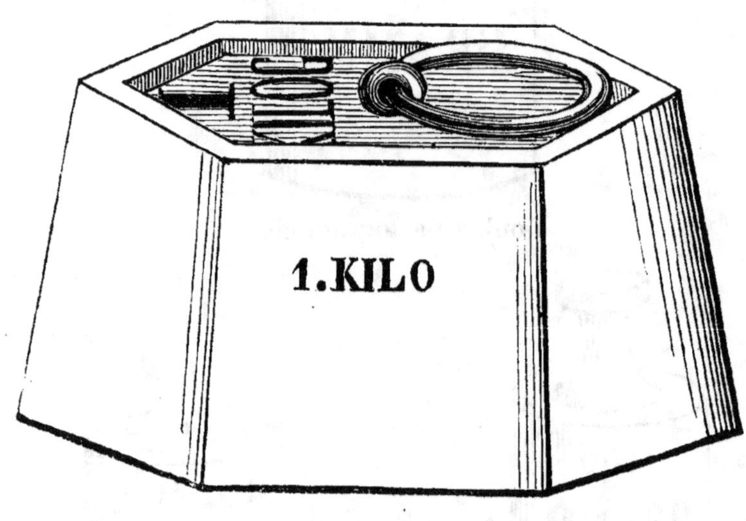

1,000 grammes.

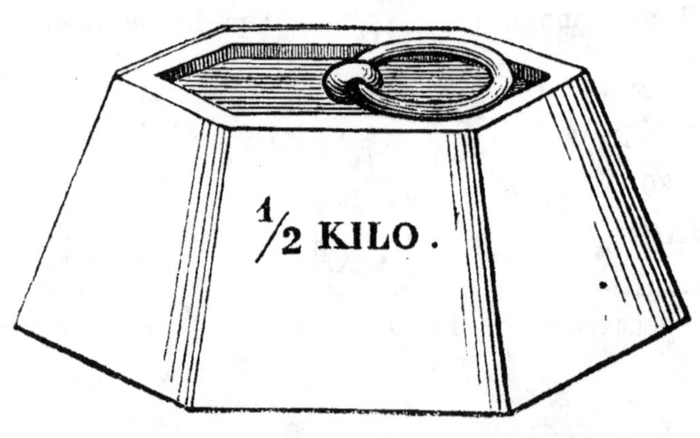

500 grammes.

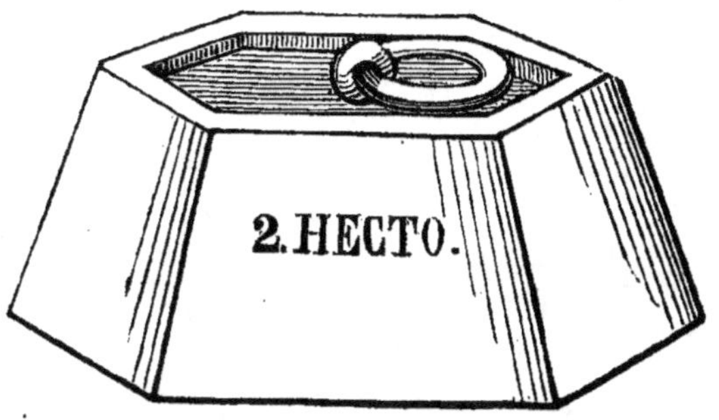

200 grammes.

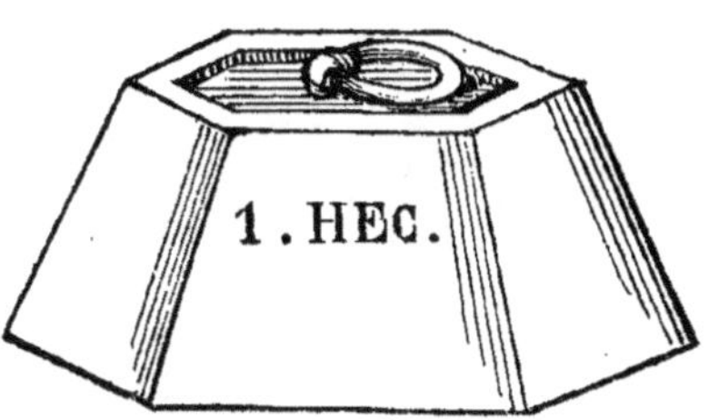

100 grammes.

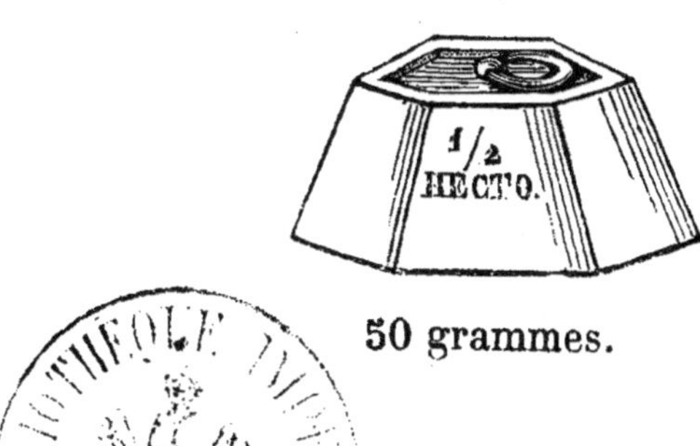

50 grammes.

DIJON, IMP. J.-E. RABUTOT, PLACE SAINT-JEAN.